ALBERT MAURIN

LA CRISE

ET

LES RÉFORMES PROPORTIONNELLES

PARIS

CHEZ MADRE, LIBRAIRE-ÉDITEUR

Rue du Croissant

JUILLET 1869

LA CRISE

ET

LES RÉFORMES PROPORTIONNELLES

Le 12 juillet, une date désormais historique, l'Empereur, par son Message, a devancé l'initiative du Corps législatif, en donnant une large satisfaction aux vœux de l'opinion publique.

Devant les réformes annoncées par le chef de l'État, les *Cent seize,* dans une réunion privée, ont retiré l'interpellation ; cependant ce retrait a été fait en des termes qui sembleraient impliquer un simple ajournement : « Dans « les circonstances actuelles et *quant à présent* il n'y a « pas lieu de déposer l'interpellation. »

Il n'est donc ni inutile, ni inopportun d'examiner,

même après le Message impérial, même après la convocation du Sénat et l'ajournement de la Chambre, même après le retrait ou l'ajournement de l'interpellation, la portée que pouvait avoir l'acte des *Cent seize.*

I.

L'opinion publique, en France, depuis le grand mouvement de 1789, oscille comme un pendule entre deux points opposés, qu'elle quitte tour à tour, allant du principe d'autorité au principe libéral, et du principe libéral au principe d'autorité. L'Empire ne s'est pas soustrait à cette loi, mais elle n'est pas pour lui une menace, comme elle l'était pour les gouvernements qui l'ont précédé : émanation directe du suffrage universel, l'Empire marche avec l'opinion publique.

Aujourd'hui le pays n'éprouvant plus aucune crainte à l'égard du principe d'autorité, ayant oublié depuis longtemps les douloureuses péripéties de la dernière révolution, revient aux idées de liberté, dont il se préoccupait médiocrement il y a quelques années. Les élections générales ayant donné un corps à ses aspirations, une fraction importante de la Chambre, conservateurs purs et tiers-parti, s'était mise d'accord pour introduire des réformes dans notre régime politique. Elle devait procéder par voie d'interpellation.

Mais des dissidences ne pouvaient manquer de se produire, quand il se serait agi de fixer l'étendue de ces réformes autrement que dans un programme de quelques lignes.

Pour le tiers-parti, qui a pris depuis peu le nom de centre gauche, les réformes devaient aboutir à un retour pur et simple au régime parlementaire, tel qu'il existait sous le gouvernement de juillet : responsabilité individuelle et collective des ministres, ce qui impliquait la restauration de ce que l'on appelait le Cabinet, avec un président du conseil ; action prépondérante de la Chambre représentative, par le rétablissement de toutes ses anciennes prérogatives.

Personne ne conteste que ce système, dans certaines conditions, ne puisse donner de bons résultats ; il a fonctionné en France, avec plus ou moins de développements, sous le régime des deux Chartes, et je ne suis pas de ceux qui lui attribuent la chute des Bourbons de la branche aînée et de la branche cadette. Charles X est tombé, pour avoir essayé de reprendre ce que la Constitution de 1814 avait rendu au pays, et Louis-Philippe pour n'avoir pas compris les besoins impérieux des temps nouveaux.

Mais le régime parlementaire avait pour base le cens électoral. Les représentants du pays tenaient leur pouvoir de deux cents et quelques mille électeurs, censitaires payant deux cents francs de contribution. Derrière ces censitaires, sept à huit millions de citoyens payaient l'impôt sans avoir le droit de contribuer à sa votation ; ils obéissaient aux lois, sans avoir voix délibérative au chapitre. Dans une telle situation, l'influence de la chambre élective se trouvait considérablement diminuée ; elle parlait au nom d'un *pays légal,* en dehors duquel un autre pays, trente fois plus important par le nombre, et non inférieur par l'intelligence, était rejeté : si bien que si l'oligarchie parlementaire était devenue un danger pour la couronne, celle-ci eût pu, par un coup d'État populaire, en appeler à la nation toute entière et retremper son pouvoir dans la source du suffrage universel. Enfin l'esprit parlementaire, cet esprit de corps qui se forme bientôt dans toute réunion d'hommes investis d'une autorité quelconque, qui la pousse à exagérer ses pouvoirs, sans s'inquiéter des limites qu'ils ont reçues à leur origine ; cet esprit de corps avait un contre-poids dans la chambre des pairs, chambre législative d'appel. Il faut ajouter qu'en cas de dissidence complète entre le parlement et la couronne, celle-ci avait deux ressources à sa disposition : les *fournées* de pairs, la dissolution de la Chambre.

Tout cela n'existe plus au même degré sous la Constitution de 1852.

Le suffrage universel a enseveli les censitaires dans ses eaux profondes. Les pouvoirs des membres de la Chambre n'émanent plus d'un monopole, ils procèdent du consentement de tous ; le pays est représenté, au palais Bourbon, dans l'universalité de ses intérêts, et le mandat électoral en tire une force décuple de celle qu'il avait avec le suffrage restreint. Il est certain que, dans de telles conditions et dans un pareil milieu, l'esprit parlementaire pourrait prendre, à un moment donné, un développement extraordinaire. Il faut ajouter que les attributions du Sénat ne sont plus tout à fait celles de la Chambre des pairs, et qu'un appel à huit ou neuf millions d'électeurs, à la suite d'une dissolution du Corps législatif, serait une toute autre affaire qu'un appel à deux cent quarante mille privilégiés. Dans les pays où fleurit le régime parlementaire, les dissolutions constituent un moyen régulier de gouvernement ; on y a recours comme à une mesure grave, mais sans péril. En serait-il de même sous le suffrage universel ? Il est au moins permis d'en douter.

II.

En politique, comme en toute autre chose, il est essentiel de savoir et de préciser ce que l'on veut. Les programmes n'ont pas un autre but, mais ils ne l'atteignent pas toujours. Quand le programme émane d'un parti homogène, il a la netteté et l'unité désirables ; mais s'il est rédigé en vue de rallier des opinions de nuances et de portée différentes, s'il est le fait d'une coalition, le programme n'est plus qu'un plan de bataille : des difficultés qui surgiront le lendemain de la victoire, personne ne s'en préoccupe.

La demande d'interpellation qui avait obtenu l'adhésion des députés du centre gauche et d'un certain nombre de membres du parti conservateur-libéral, appartient à cette seconde catégorie de programmes. Il faut supposer que tous ceux qui l'ont signée savaient ce qu'ils voulaient, mais évidemment tous ne voulaient pas la même chose. Les uns tendaient au rétablissement du régime parlementaire, tel qu'il fonctionnait sous la monarchie de Juillet, et qui se résume dans cette formule bien connue : *Le roi règne et ne gouverne pas* ; les autres devaient se déclarer satisfaits, dès que les attributions du

Corps législatif seraient augmentées dans une certaine mesure, sans que l'on modifiât les principes de la Constitution de 1852. Cependant ceux-ci n'avaient pas hésité, dans un premier moment d'entraînement, à se joindre au centre gauche et à donner leur signature à un programme qui allait plus loin que leurs propres aspirations. On nous dit bien que, dans une réunion, un des chefs du tiers-parti les avait rassurés sur les conséquences de leur adhésion, en leur affirmant que l'on ne toucherait pas au pacte constitutionnel ; mais les entraînements de la signature n'auraient-ils pas été suivis des entraînements de la discussion, et les entraînements de la discussion des entraînements du vote ? Le parti libéral conservateur s'était exposé à dépasser le but qu'il se proposait, et à s'en apercevoir trop tard pour revenir sur ses pas.

J'ai suffisamment indiqué les dangers du système parlementaire pur avec le suffrage universel, qui donne à l'assemblée représentative une force plus que décuple de celle qu'elle avait avec le suffrage restreint.

On pourrait objecter que si la puissance du pouvoir législatif a reçu un grand développement, le pouvoir exécutif, de son côté, est établi sur une base bien plus large, bien plus solide que celle des précédents gouvernements, si bien que les deux forces se trouvent vis-à-vis l'une de l'autre dans les mêmes proportions. Louis-Philippe tenait la couronne de deux cent dix-neuf députés qui s'étaient érigés en Assemblée constituante ; Napoléon III a été investi du pouvoir suprême par un plébiscite : l'Empereur serait donc dans son véritable élément politique avec le régime parlementaire procédant du suffrage universel, comme la royauté de juillet était dans le sien, avec le régime parlementaire procédant du suffrage des censitaires.

L'objection ne manque pas d'une certaine vigueur ; mais en la serrant de près, il est facile de trouver son côté faible.

C'est apparemment en vue de consolider le gouvernement impérial et de lui assurer une longue durée, que les promoteurs de l'interpellation, tous connus pour leurs sentiments dynastiques, demandaient des réformes. Il ne s'agissait pas d'une intrigue politique ; ce n'était pas un pont que l'on essayait de jeter entre le palais Bourbon et les Tuileries, pour faire passer des ambitions impatientes des bancs de la Chambre dans le conseil des ministres. Le centre gauche compte, dans ses rangs, des hommes qui peuvent attendre, sans précipiter les événements ; leur valeur politique n'est pas de celles qui, en laissant échapper l'occasion, perdent tout espoir de la saisir de nouveau. En travaillant avec désintéressement pour l'avenir, ils sont sûrs de travailler pour eux.

Supposons le régime parlementaire de 1830 greffé sur notre Constitution. Dix ans, quinze ans se passent. Est-ce que chaque année la force que la dynastie impériale a tirée de son origine populaire ne subira pas une certaine diminution ? Le fondateur de cette dynastie la conservera sans nul doute jusqu'à la fin d'un règne glorieux : son successeur la recueillera-t-il tout entière ? La question peut être posée, sans qu'elle fasse suspecter notre attachement à l'Empire libéral.

Mais le temps sera impuissant à amoindrir la force de la chambre élective. A des intervalles rapprochés et périodiques, le Corps législatif viendra demander le renouvellement de ses pouvoirs au suffrage universel, et l'esprit parlementaire, en se retrempant dans cette source, y puisera une nouvelle énergie.

Quelles atteintes profondes ne subirait pas alors cette *pondération* des pouvoirs, qui est une des conditions essentielles du système que le tiers-parti semblait vouloir rétablir en France !

III.

Je crois ne pas me tromper, en disant que la question des réformes n'a pas encore été examinée par la presse au point de vue où je me suis placé.

On a parlé, ici et là, de la haute responsabilité que l'Empereur tient du plébiscite de 1852, de la Constitution, du pouvoir personnel, du mouvement qui s'est produit dans l'opinion à l'occasion des élections générales, de la nécessité de donner une large satisfaction aux vœux du pays ; mais aucun publiciste, que je sache, ne s'est inquiété de la *proportionnalité* des réformes réclamées par les signataires de l'interpellation.

Demander à l'Empire tout ce que la royauté de Juillet avait accepté en 1830, c'est évidemment lui demander énormément davantage. La royauté constitutionnelle trouvait dans le régime purement parlementaire une force, un appui ; elle y vivait et respirait à pleins poumons, comme dans son atmosphère naturelle : l'Empire n'y trouverait que son affaiblissement.

On a dit avec raison qu'il n'y a rien d'absolu, en politique. Le meilleur régime est celui qui s'adapte le mieux au tempérament d'une nation, qui donne la plus complète satisfaction à ses intérêts moraux et matériels. L'empirisme ne réussit pas plus à gouverner les hommes, qu'à guérir leurs maladies. Mais une des conditions essentielles d'un bon gouvernement est encore l'équilibre, la *pondération*, comme l'on disait avant 1848, des divers pouvoirs dont il se compose.

Dans la solution que peut recevoir la crise présente, tout est dominé par la question de proportionnalité.

Le suffrage restreint de 1830 était comme un levier d'un mètre de longueur ; aujourd'hui, le suffrage universel est un levier de trente mètres. Avec le système parlementaire pour point d'appui, le premier soulevait à peine un poids que le second lancerait à une prodigieuse distance.

Le mot prêté après la révolution de juillet à Lafayette, parlant de la nouvelle royauté : « Voici la meilleure des républiques, » ce mot était tout simplement absurde. Le gouvernement de Juillet fut la meilleure des oligarchies, pour l'époque où il se constitua ; tout le mouvement qui s'était produit dans les dernières années de la Restauration, portait la bourgeoisie aux affaires ; elle n'usurpait rien, en s'établissant au palais Bourbon, elle rentrait chez elle. Pour que la France monarchique, avec le régime parlementaire, eût dans ses institutions quelque chose du système républicain, il aurait fallu que la nation tout entière fût investie du vote ; mais alors cette quasi-république n'aurait été qu'une porte toute grande ouverte à la République ; et c'est ce que le roi Louis-Philippe craignait en 1848, lorsqu'on lui demandait en même temps une réforme parlementaire et une réforme électorale, et qu'il allait jusqu'à refuser « l'adjonction des capacités ». Il croyait voir sous ses pas une pente vers le suffrage universel, et le régime parlementaire basé sur le suffrage universel lui montrait au loin une révolution.

Aujourd'hui la situation est renversée ; nous avons le suffrage universel, et l'on réclame le régime parlementaire : le péril est le même.

Je comprends le parti radical, quand il s'efforce de pousser l'Empire en dehors de ses conditions propres de stabilité. Ses divers organes ne dissimulent pas leur pensée ; les uns l'expriment crûment, les autres y mettent plus de formes : aucun d'eux ne la voile, et ils ne sauraient accuser les conservateurs libéraux de les dénoncer aux rigueurs judiciaires, lorsqu'on leur dit : « Ce que vous voulez, c'est la République. » Le tiers-parti et la majorité veulent, eux, la consolidation de l'Empire ; ils ne diffèrent que sur les moyens, réforme parlementaire, réforme libérale : leurs recherches communes doivent donc porter d'abord sur les conditions de stabilité du gouvernement impérial.

Une étude calme des questions soulevées depuis quelques semaines leur fera comprendre que ces conditions se trouvent dans la solution du problème suivant :

Mesurer avec une grande prudence, nous dirions volontiers avec économie, les nouvelles prérogatives de la Chambre, de manière à ne pas dépasser la ligne exacte qui sépare le contrôle efficace de l'esprit parlementaire abusif ;

Donner au contraire aux réformes libérales dont le pays

profite directement, la plus grande extension possible : libertés politiques et libertés sociales, libertés générales et libertés locales.

En adoptant ce programme, qui est celui de l'Empire libéral, les députés feront preuve à la fois de patriotisme et de désintéressement.

ALBERT MAURIN.

— Troyes, imprimerie Brunard. —

www.ingramcontent.com/pod-product-compliance
Ingram Content Group UK Ltd.
Pitfield, Milton Keynes, MK11 3LW, UK
UKHW022257070726
13613UKWH00005B/2350